Kleine Momente der Entspannung

Im hektischen Treiben des Alltags vergessen w… für uns selbst zu nehmen und kleine Auszeiten … allem dann, wenn wir sie wirklich verdient haben.

Zencolor moments ermöglichen Ihnen jeden Tag diese Momente, in denen Sie sich entspannen und einfach mal abschalten können. Kleine Wortschätze und witzige Sprüche laden zum Kolorieren ein. Lassen Sie sich verzaubern von Bildern zum Träumen, Lachen und Glücklichsein. Bereits mit ein paar Farbstiften können Sie sich Ihre eigenen ganz besonderen Unikate schaffen.

Auf den ersten Seiten finden Sie kleine Tipps und Anregungen zum Ausmalen. Nehmen Sie diese gern zur Inspiration, hören Sie aber vor allem auf Ihr Bauchgefühl. Das Ausmalen soll Ihnen Vergnügen bereiten und Sie entspannen. Suchen Sie sich das Bild mit dem passenden Spruch aus, das Sie am meisten anspricht, wählen Sie die schönsten Farben und genießen Sie ganz einfach den Moment mit **Zencolor moments.**

Farbstifte

Bunt- oder auch Aquarellstifte sind die beliebtesten Stifte zum Ausmalen. Sie sind leicht zu beschaffen und bieten eine Vielfalt an Ausdrucksmöglichkeiten. Fließende Übergänge und zarte Farbabstufungen sind mit ihnen genauso möglich wie Farbmischungen. Sie decken jedoch nicht so gleichmäßig wie Faserstifte.

Faserstifte

Faserstifte gibt es in sehr unterschiedlichen Qualitäten. Achten Sie beim Kauf auf hochwertige Stifte, die nicht durchschlagen. Faserstifte haben einen kräftigeren und satteren Farbauftrag als Buntstifte. Für Farbabstufungen benötigen Sie im Normalfall mehrere Stifte in verschiedenen Schattierungen.

Kalte Farben

Zu den kalten Farben zählen vor allem Blau, aber auch bläuliche Grün- und Violetttöne. Sie haben einen beruhigenden und entspannenden Effekt, können aber auch unnahbar wirken. Nutzen Sie solche Farben für Bilder, die eine Auszeit von der alltäglichen Hektik bieten sollen und lassen Sie die Farben auf sich wirken.

Warme Farben

Alle gelben, orangen und roten Farben sowie rötliche Violetttöne sind warme Farbtöne. Diese Farben wirken aktivierend und anregend. Die Verwendung solcher Farben hilft Ihnen, Kraft zu schöpfen und Energie zu tanken. Auch Braun wird oft als warm empfunden, hat jedoch eher eine beruhigende Wirkung.

Kräftige Farben

Wenn Sie mit dem Buntstift aufdrücken oder mit dem Farbstift mehrmals über eine Fläche streichen, wird die Farbe dadurch kräftiger, dass mehr Farbpigmente übertragen werden. Kräftige Farben erwecken mehr Aufmerksamkeit als zarte – heben Sie wichtige Aspekte des Bildes dadurch hervor. Grundsätzlich wirken kräftige Farben wärmer, sie können aber auch fast aggressiv sein.

Zarte Farben

Durch ganz leichtes Schraffieren scheint noch viel vom Weiß des Papieres durch und die Farbe wirkt zart und pastellig. Solche Farben erinnern an den Frühling und wirken freundlich und einladend. Kalte Farben werden jedoch in ihrer Wirkung verstärkt. Leicht schraffiert lenken weniger wichtige Details des Bildes nicht vom Fokus ab.

Carpe
diem

JEDE
Reise
beginnt mit dem
ERSTEN
Schritt

be happy

FRIENDSHIP

Das Leben ist

Gemütlichkeit

ENJOY
LIFE

Genieße jeden
AUGENBLICK

all you need is Love

freudefreudefreud
efreudefreudefreu

SEI FRECH & FREI
WUNDERBAR

FERNWEH

Nimm dir Zeit

Lache viel
und laut

ALL YOU NEED IS
MÄDELS
ABEND

Gelassenheit

Glück

gib
niemals
auf

Barfuß!

MUT

Glück
ist,
wenn man es teilt

FOLLOW YOUR Dreams

LEBE
HIER &
JETZT

Greif NACH DEN Sternen

Geborgenheit

HEY
BEAUTIFUL

Vertrauen

ENTSCHEIDE
dich fürs
Glücklichsein

Lust

einfach mal
OPTIMISTISCH
sein

Sektlaune

HAPPY DAYS

Ein
LÄCHELN
ist das
BESTE
was man
tragen kann

Slow down

What a wonderful world

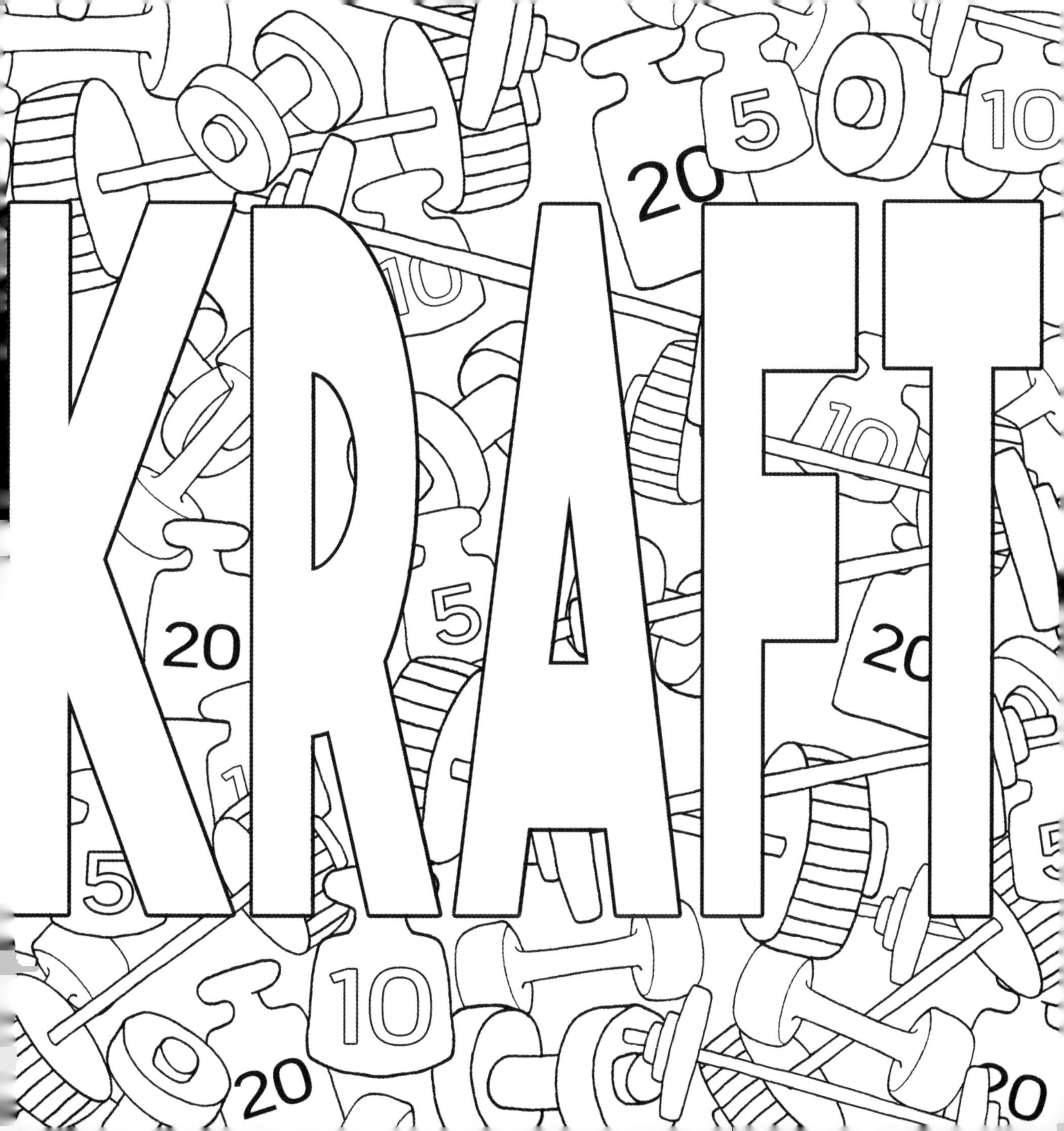
KRAFT

Keep Smiling

Schlaraffenland

PRINTEMPS

Heute
Lebe
Ich

Zweisamkeit
Tea
Amo

GLÜCKSSTRÄHNEN
STEHEN JEDEM

Schokolade
fragt nicht
Schokolade
versteht...

Nimm dir Zeit für Dinge,

die dich glücklich machen

wer liebt
der lebt

stay
SIMPLE

man muss das Leben
tanzen

Weltenbummler

SEI DU
SELBST

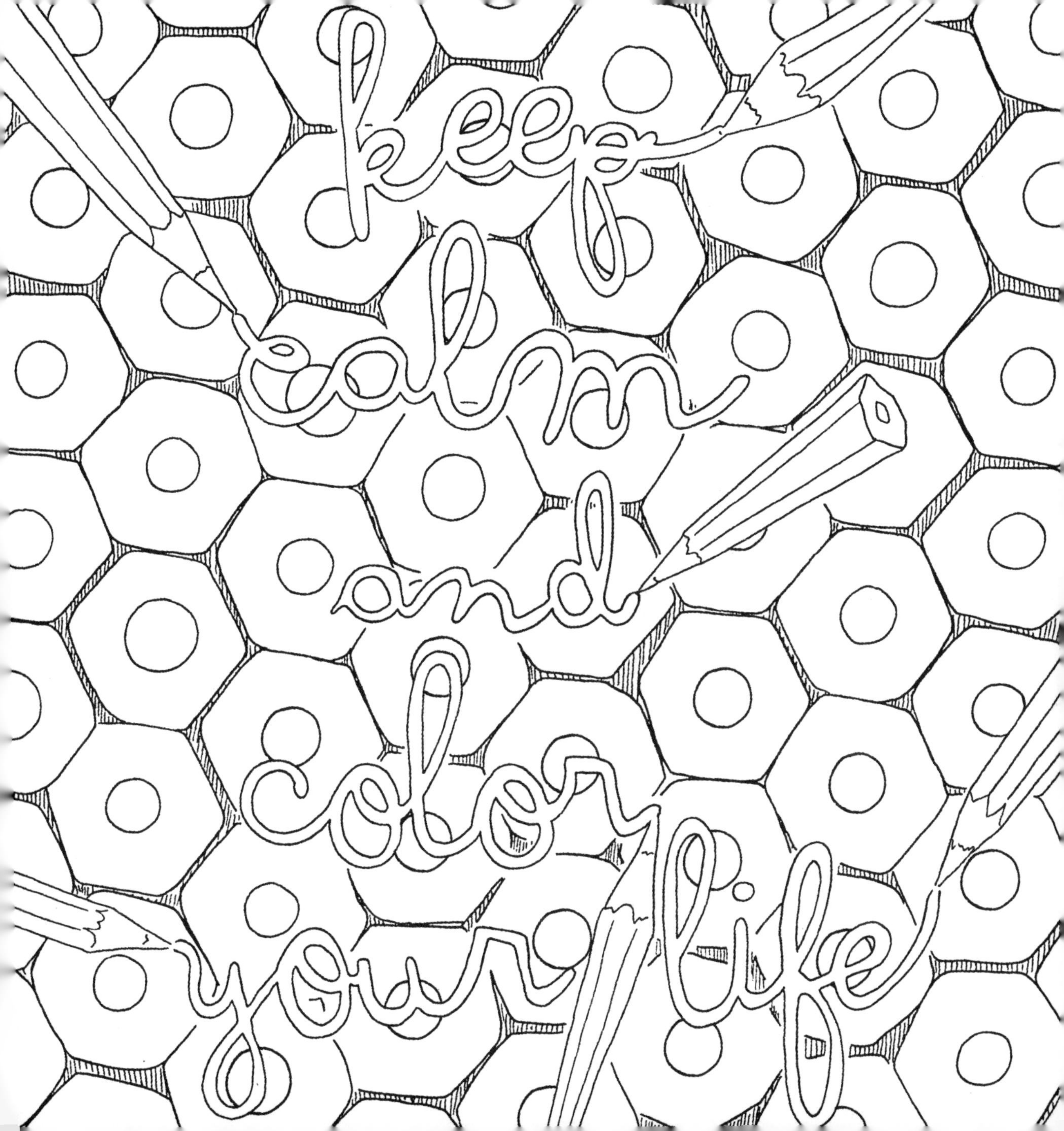
keep
calm
and
color
your life

Illustrationen: Natascha Pitz
Koloration Coverbild: Janine Stiefel
Produktmanagement: Franziska Schmidt
Herstellung: Sabine Kässner
Druck: DZS Grafik, Slowenien

7. Auflage 2016

ISBN 978-3-7724-8227-4
Best.-Nr. 8227